KNOBLAUCH
KOCHBUCH

Inhalt

Vorspeisen und Snacks

Knoblauch — berühmt und berüchtigt!

Klein, weiß, manchmal violett und unscheinbar lauert er in Geschäften und auf Märkten, wartet auf seinen großen Einsatz, um dann nach dem Verzehr noch lange in Atem, nein, Erinnerung zu bleiben.

Eine Küche ohne Knoblauch ist unvorstellbar, denn wer liebt nicht Tzatziki, Aioli oder eine leckere Knoblauchsuppe. Dies sind natürlich Gerichte, in denen ein starker Knoblauchgeschmack erwünscht ist. Ansonsten gilt beim Gebrauch von Knoblauch die Devise: so viel wie nötig, so wenig wie möglich. Er soll Gerichte fein würzen und nicht mit seinem Aroma überdecken. Viele Speisen werden erst durch die Zugabe von Knoblauch zum Gaumenschmaus.

Und wer kennt das nicht, abends, allein im Dunkeln auf der Straße unterwegs, kommt ein Vampir dahergeflogen und man denkt so bei sich: „Ups, hätte ich mal besser Knoblauch gegessen!" Denn durchaus positiver Nebeneffekt vom Knoblauch ist der Schutz vor Vampiren. O.k., so ist es dann doch nicht ganz, allerdings glaubte man früher, dass Knoblauch vor Vampiren schützt. Doch dazu später mehr.

Ein tatsächlicher Nebeneffekt sind die Heilkräfte von Knoblauch, egal ob in der Antike oder heutzutage, bei Beschwerden des Herz-Kreislaufsystems, bei Darmerkrankungen, Erkältungen und einigem mehr kann „Doktor Knoblauch" weiterhelfen.

Herkunft

Knoblauch gehört zu den ersten Kulturpflanzen der Menschheit. Ursprünglich aus Zentralasien stammend, hat er seinen Weg über das Mittelmeer nach Europa gefunden. Die älteste schriftliche Erwähnung findet sich in Tontafelarchiven der babylonischen Könige. Im „Codex Ebers", einem Papyrus aus dem 16. Jahrhundert vor Christus, hielten die Ägypter ihr Wissen über die heilende Wirkung des Knoblauchs fest. Schon damals wurde ihm eine stärkende und gesundheitsfördernde Wirkung zugeschrieben. Die Arbeiter an den Pyramiden erhielten täglich eine Ration Knoblauch. Der erste Streik der Geschichte soll bei den Arbeitern der Cheopspyramide stattgefunden haben, als die gegen das Ausbleiben ihrer Knoblauchlieferung protestierten. Inschriften, Abbildungen und Grabbeigaben in Pyramiden belegen zudem seine zeremonielle Bedeutung — er galt als heilig.

Römische und griechische Krieger aßen Knoblauch vor einer Schlacht, um ihre Kraft zu stärken. Bei den griechischen Olympioniken war Knoblauch ein legales „Dopingmittel".

Es ist davon auszugehen, dass die Römer den Knoblauch in das Gebiet des heutigen Deutschlands brachten. Ende des 8. Jahrhunderts wird Knoblauch in dem von Karl dem Großen erlassenen Capitulare de villis vel curtis imperii als zu kultivierende Nutzpflanze genannt. Im Mittelalter sorgten die Benediktinerklöster für die Verbreitung des Knoblauchs, da dieser in ihren Gärten angebaut wurde.

Aussehen

Knoblauch gehört in die Familie der Amaryllisgewächse. Der gemeine Knoblauch ist eine mehrjährige Pflanze, die zwischen 30 und 90 cm hoch wird und bis zu 15 mm breite, grüne Blätter bildet. Als Überdauerungsorgan wird eine Zwiebel gebildet, die aus einer Hauptzehe und bis zu 20 Nebenzehen besteht, welche zu einer Knolle zusammengefügt und von einer weißen oder rosa-lilafarbenen Haut umgeben sind. Die Blüten (Dolde) des Knoblauchs sind weiß oder leicht lila, Blütezeit ist Juli bis August. Nach dem Abfallen der Blüten entwickeln sich kleine, kegelförmige Bulbillen, die Brutzwiebeln, diese können als Pflanzgut verwendet werden. Geerntet wird der auf diese Art gesetzte Knoblauch erst im zweiten Jahr.

KNOBLAUCH

Ordnung: Spargelartige (Asparagales)

Familie: Amaryllisgewächse (Amaryllidaceae)

Unterfamilie: Lauchgewächse (Allioideae)

Gattung: Lauch (Allium)

Art: Knoblauch (Allium sativum)

Knoblauch aus dem eigenen Garten

Knoblauch schälen – schnell und einfach

Frische Knoblauchzehen mit dem Messer schälen, ist eine knifflige, klebrige Arbeit und nachher den Geruch von den Fingern zu bekommen, bedeutet schrubben, schrubben, schrubben! Viel einfacher funktioniert es mit diesem simplen Trick:

1. Die Knoblauchknolle mit der Hand flach drücken, sodass die Zehen sich von der Außenhaut lösen.

2. Die Zehen in ein hohes, verschließbares Gefäß geben.

3. Kräftig schütteln.

Die Haut löst sich dabei von selbst ab und die geschälten Zehen können weiterverarbeitet werden.

Knoblauch wird im September/Oktober oder zeitig im Frühjahr gesetzt. Der im Herbst gesetzte bildet bis zum Winter allerdings schon reichlich Wurzeln und hat so im Frühling einen Vorsprung gegenüber den im Frühjahr gesetzten. Die Winterkälte schadet dem Pflanzgut nicht, im Gegenteil, sie fördert sogar das Wachstum.

Die Zwiebeln bevorzugen eine lockere, fruchtbare, gerne mit Kompost gemischte Erde. Bodennässe dagegen mögen sie nicht. Man gräbt eine 5 cm tiefe Furche in den Boden und setzt die Zehen im Abstand von mindestens 10 cm mit der Spitze nach oben hinein. Die Reihen sollen 30 cm voneinander entfernt sein. Knoblauch braucht diesen Platz zum Wachsen und später zur sicheren Ernte, damit benachbarte Knollen beim Ausgraben nicht verletzt werden. Verwenden Sie speziellen Saatknoblauch aus der Gärtnerei! Knoblauch aus dem Supermarkt ist ungeeignet, da er in der Regel mit wachstumshemmenden Chemikalien behandelt worden ist. Nach der ersten Ernte können Sie Ihren eigenen Knoblauch zum Anbau verwenden. Kranke oder verfärbte Zehen sollten Sie wegwerfen.

Knoblauch braucht wenig Pflege, regelmäßiges Unkraut jäten und dreimaliges Düngen reicht aus. Gedüngt wird direkt nach dem Pflanzen, zu Beginn des Frühjahrs und gegen Ende des Frühjahrs, mit einem Dünger, der einen hohen Stickstoffanteil hat. Die Blütenstände im späten Frühjahr werden noch vor der Blüte abgeschnitten, damit die Pflanze mehr Kraft zum Wachsen hat. Geerntet werden kann Knoblauch ab Ende Juli. Die Zwiebeln werden vorsichtig mit dem Spaten ausgegraben und noch einige Zeit im Freien getrocknet. Wenn man das Laub nach der Ernte nicht entfernt, kann der Knoblauch zu dekorativen Zöpfen geflochten werden. Gelagert wird er an einem dunklen, kühlen Ort (zum Beispiel im Keller).

Der kleine, wilde Bruder: Bärlauch

Botanisch gesehen, unterscheidet sich der „wilde Knoblauch" nur in der Art. Ordnung, Familie, Unterfamilie und Gattung sind gleich, dabei haben die beiden Pflanzen, abgesehen vom Geruch, kaum etwas gemeinsam. Den ersten Knoblauch erntet man in der Regel im Spätsommer – der Bärlauch ist dagegen ein typisches Frühlingsgewächs, das man in feuchten Laubwäldern oder an Bächen finden kann. Verwendet werden im Gegensatz zum Knoblauch nicht die Wurzeln, sondern die Blätter. Achtung: Beim Sammeln besteht große Verwechslungsgefahr mit den giftigen Maiglöckchen! Außer natürlich am Geruch kann man die Pflanzen jedoch auch am Blattwuchs unterscheiden: Bärlauchblätter stehen alleine auf einem Stängel, beim Maiglöckchen wachsen die Blätter paarweise aus dem gleichen Stängel.

Der Geschmack des Bärlauchs ist milder und feiner als der des Knoblauchs.

Sorten

Frischen Knoblauch erkennt man an seinem grünen Stiel und seinen prallen, saftigen Zehen. In der Regel wird er einzeln angeboten und abgewogen verkauft. Er ist im Geschmack sehr fein und zurückhaltend, im Gegensatz zu dem intensiven Aroma von getrocknetem Knoblauch.

Die weltweit am weitesten verbreitete Knoblauchsorte ist der Lager-Knoblauch. Geschmack, Form und Größe sind nie einheitlich, sondern kommen auf das Herkunftsland an. Angeboten wird dieser Knoblauch in kleinen Netzen oder als Zopf geflochten und kann in jeder Form Verwendung finden.

Schnittknoblauch stammt ursprünglich aus China. Die Blätter werden wie Schnittlauch oder Bärlauch verwendet. Er ist (ähnlich dem Bärlauch) wesentlich dezenter im Geschmack als herkömmlicher Knoblauch, hinterlässt nicht den charakteristischen Knoblauchgeruch und wird in der asiatischen Küche gerne in Wokgerichten oder zu Fisch gegessen.

Soloknoblauch stammt ebenso aus China. Er wird zwar auch als Chinesicher Knoblauch bezeichnet, allerdings kann es hier zu Verwechslungen mit dem Schnittknoblauch kommen, der im Handel manchmal auch unter dem Namen Chinesischer Knoblauch vertrieben wird. Soloknoblauch besteht aus nur einer Zehe, mit einer Größe von 2-5 cm. Er ist einfach zu schälen und zu schneiden sowie mild im Geschmack.

Für manche ein No-Go ist Knoblauchpulver. Es ist recht stark in Geruch und Geschmack und neigt dazu, beim Würzen die anderen Aromen zu überdecken. Es sollte daher nur sparsam verwendet werden.

Die „Knoblauchfahne" ...

... ist die lästige Begleiterscheinung, mit der jeder zu kämpfen hat, nachdem er ein leckeres Knoblauchgericht gegessen hat.

Der typische Knoblauchgeruch stammt vom Alliin, genauer gesagt von seinen schwefelhaltigen Abbauprodukten, allen voran Allicin. Doch eben diesem Allicin werden die gesundheitsfördernden Eigenschaften des Knoblauchs zugeschrieben. Es gibt allerlei „Hilfsmittelchen", die den lästigen Atemgeruch eindämmen sollen. Was funktioniert oder eher nicht, sollte jeder selbst ausprobieren:

→ warme Milch sofort nach dem Essen trinken

→ Gewürznelken oder Kardamomkerne kauen

→ ein Stück Schokolade essen

→ Petersilie kauen

→ Pfefferminzkaugummi

→ länger als gewöhnlich Zähne putzen, Zahnseide benutzen und die Zunge reinigen

→ Chlorophyll-Kapseln aus der Apotheke sollen nicht nur bei Mundgeruch helfen, sondern auch den nach dem Knoblauchverzehr einsetzenden Körpergeruch verhindern

Denn der größte Teil des Geruchs wird übrigens nicht über den Atem, sondern über die Haut abgegeben. Mit einer ausgiebigen Dusche und großzügigem Deoverbrauch „dämpft" man den Geruch schon etwas ein. Durch einen Saunagang kann die Geruchsausscheidung beschleunigt werden. Wie lange die „Knoblauchfahne" anhält, hängt nicht nur von der gegessenen Menge ab, sondern auch davon, wie schnell der eigene Körper die chemischen Stoffe verarbeitet. Und das dauert, ob mit oder ohne Gegenmittel, mindestens 12 Stunden.

Neutralisieren im Blitzverfahren

Eine ungespritzte Zitronenscheibe mit einigen Kaffeebohnen belegen und zu Brei kauen. (Muss nicht runtergeschluckt werden.) Danach gründlich die Zähne putzen.

Knoblauch in der Heilkunde

Seit Jahrtausenden wird Knoblauch in der Heilkunde gepriesen und findet noch heute Bestätigung in der modernen Medizin. Dem Knoblauch wird nachgesagt, dass er eine antibakterielle und antimykotische Wirkung hat, außerdem kann er die Blutfette senken und die Fließeigenschaften des Blutes verbessern. Weiterhin soll Knoblauch bei chronischen Magen- und Darmproblemen helfen, schleimlösend, schweißtreibend, entzündungshemmend und desinfizierend wirken.

Äußerliche Anwendung kann er bei Verletzungen und Hauterkrankungen finden. Durchaus gebräuchlich bei einer Erkältung ist ein Trunk aus Knoblauch, Zitrone, Honig und Wasser, möglichst heiß getrunken. Die Anwendung von Knoblauch ist sicherlich vielfältig, allerdings noch nicht komplett erforscht. Sicher ist, dass es eine erstaunliche Pflanze mit wertvollen Vitaminen, Aminosäuren, Mineralstoffen und Enzymen ist.

Gegen Warzen: Eine Scheibe frischen Knoblauch mit Heftpflaster über Nacht auf die Warze kleben. Das Knoblauchpflaster täglich erneuern. Nach einer Woche trocknet die Warze aus. Sollte sich die Haut röten, das Pflaster unbedingt früher entfernen.

Knoblauch als biologischer Pflanzenschutz

→ Gegen Grauschimmel im Erdbeerbeet: Werden einige Knoblauchpflanzen mit ins Erdbeerbeet gesetzt, verhindern sie die Bildung von Grauschimmel.

→ Gegen Mehltau und Blattläuse im Garten: 100 g gepressten Knoblauch in 1 Liter Wasser über Nacht ziehen lassen, den Sud 1:10 mit Wasser verdünnen und gefährdete Blätter und Knospen damit einsprühen.

→ Gegen Blattläuse bei Zimmer- und Balkonpflanzen je eine kleine Knoblauchzehe in die Blumenerde stecken.

→ Gegen Ratten, Wühlmäuse und Schlangen: Knoblauch pressen und an Pflanzen streichen, die in der Nähe stehen.

→ Für duftende Rosen: Werden einige Knoblauchzehen in Wurzelnähe in die Erde gesteckt, gibt das auch welken Rosensträuchern wieder Kraft.

Kurioses rund um die Knolle

• Seit 1978 gibt es in Gilroy, Kalifornien, das „Gilroy Garlic Festival" mit ca. 100.000 Besuchern pro Jahr. Neben der traditionellen Wahl der „Miss Knoblauch" finden auch hochdotierte Kochwettbewerbe statt. Nach Berechnungen der Veranstalter wurden in 35 Jahren rund 82 Tonnen Knoblauch serviert.

• In der Stadt Gary im amerikanischen Bundesstaat Indiana ist es verboten, innerhalb von vier Stunden nach dem Genuss von Knoblauch ins Kino oder Theater zu gehen.

• Im Winter 2008 spendete ein großer amerikanischer Lebensmittelhändler der Stadt Ankeny acht Tonnen Knoblauchsalz als Streusalz, um die Stadtkasse zu entlasten.

• Wegen der hohen Zölle ist frischer chinesischer Knoblauch ein beliebtes Schmuggelgut. Bei einem Container mit 20 Tonnen falsch deklariertem Knoblauch lassen sich laut der offiziellen Website der Europäischen Union rund 24.000 Euro an Abgaben „einsparen".

• Die Knoblauch-Glanzschnecke (Oxychilus alliarius) ist Weichtier des Jahres 2014. Sie trägt ihren Namen nicht von ungefähr: Das Tier verströmt bei Berührung einen kräftigen Knoblauchgeruch.

Mythen, Aberglaube & Legenden

Egal wie Knoblauch durch alle Zeiten genannt wurde, ob stinkende Rose, Hexengift, Armenkampfer, Nahrung der Brotlosen oder Liebeswurz — eines drücken alle Begriffe aus, nämlich den Glauben der Menschen an seine Kräfte. In manch ländlichen Gegenden sind heute noch einige Bräuche erhalten.

Als der römische Gelehrte Plinius der Ältere (†79 n. Chr.) feststellte, dass Knoblauchzehen, die längere Zeit an der Luft liegen, schwarz werden, verweigerte er jede naturwissenschaftliche Erklärung. Er glaubte, dass der Knoblauch mittels übernatürlicher Kräfte alles Dunkle und Böse an sich zieht. Seit dieser Zeit wurde die Knolle als Abwehrzauber gegen alle möglichen Unannehmlichkeiten genutzt.

Bei den Ägyptern galt Knoblauch als heilig, die Zwiebeln wurden den Toten sogar mit ins Grab gegeben, wie der Fund von Knoblauchzehen im Grab von Tutanchamun belegt. Anders als die Ägypter glaubten die Griechen, dass die Götter Knoblauch wegen seines Geruchs verpönten. Aber auch bei ihnen wurde Knoblauch mit der Zeit ein begehrtes Heilmittel.

Knoblauchkränzen sagt man gemeinhin eine schützende Wirkung nach, egal ob in der guten Stube aufgehängt oder an der Stalltür, das Böse bleibt so draußen und man ist auch vor Krankheiten geschützt. In der Antike trugen Fischer und

Bauern eine Halskette aus Knoblauch, um sich vor Geistern und dem Bösen Blick zu schützen. Neugeborenen legte man früher drei Knoblauchzehen in die Wiege, so sollte das Kind gut gedeihen. Außerdem sollte man, wenn man ein Kind gelobt hatte, drei Mal „Knoblauch" rufen, damit es nicht behext werden konnte. Um nicht als Hexe benannt zu werden, trugen Bäuerinnen in der Slowakei Knoblauch und Petersilie unter der Kleidung.

Während der Sommerernte des Getreides wurde in südlichen Ländern den armen Arbeiter/innen Knoblauchsaft ins Trinkwasser gegeben, um so deren Kraft für die schwierige Ernte zu erhalten.

Darüber hinaus soll Knoblauch eine wichtige Rolle bei der Verbrechensaufklärung gespielt haben: Um einen Dieb zu finden, legte man sich Brot und Knoblauch vor dem Schlafen auf den linken Arm, der Dieb sollte dann im Traum erscheinen.

Doch Knoblauch konnte auch eingesetzt werden, um eine gute Sache zu verstärken: So fand er im Mittelalter Verwendung in Liebestränken.

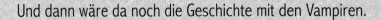

Und dann wäre da noch die Geschichte mit den Vampiren.

Ursprünglich handelte es sich bei Vampiren um Tote, die aus ihren Gräbern stiegen, Dörfer unsicher machten und für Krankheiten und Missernten verantwortlich gemacht wurden. Sie sollen sich von menschlichem oder tierischem Blut ernährt haben. Aufgrund dieses Vampirglaubens machte sich die Dorfgemeinschaft auf die Suche nach dem entsprechenden Grab, befand sich darin ein nicht verwester oder aufgeblähter Leichnam, so wurde dieser erneut „getötet" und anschließend verbrannt.

Der Vampirglaube nahm seinen Anfang im Karpatenraum und verbreitete sich über Rumänien (Transsilvanien) in ganz Südosteuropa. Dort lebte auch Vlad Tepes, der Pfähler, der durch seinen brutalen Umgang mit Feinden traurige Berümtheit erlangte. Er soll eine Vorliebe für Pfählungen gehabt und sogar im Blut seiner Feinde gebadet haben. Sein vom Lateinischen abgeleiteter Beiname Draculea, der Sohn des Drachen, wurde ergänzt durch die rumänische Wortbedeutung drac = Teufel.

Die uns heute bekannte Figur Dracula ist eine literarische Schöpfung des Autors Bram Stoker aus dem Jahre 1897. Man geht davon aus, dass der transsilvanische Herrscher die Inspirationsquelle für die Romanfigur gewesen ist.

Obwohl schon früher über Vampire geschrieben wurde, prägt dieses Buch neben Twilight bis heute unser Bild von Vampiren.

Knoblauch als Abwehrmittel gegen Vampire ist jedem bekannt. Aber warum gerade Knoblauch?

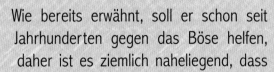

Wie bereits erwähnt, soll er schon seit Jahrhunderten gegen das Böse helfen, daher ist es ziemlich naheliegend, dass

Vampire ihn ebenfalls fürchten. Zudem wurde Vlad Tepes nachgesagt, er hasse Knoblauch, vielleicht sehen wir deshalb viele Vampire in Filmen bis heute vor der stinkenden Pflanze zurückschrecken.

Oder gibt es noch einen anderen, realistischen Hintergrund? Tatsächlich leben in Südamerika Vampirfledermäuse, die ihren Namen dem europäischen Mythos verdanken. Sie ernähren sich ausschließlich von Blut, weshalb die Bauern ihr Vieh mit Knoblauchsaft einreiben, denn diesen scheinen die Fledermäuse nicht zu mögen und verschonen die jeweiligen Tiere.

Es könnte also sein, dass Bram Stoker sich die Abneigung der Vampire gegen Knoblauch bei den südamerikanischen Fledermäusen abgeschaut hat. Vielleicht ist er aber auch einfach nur dem Aberglauben hinsichtlich der mystischen Kulturpflanze gefolgt.

Vorspeisen und Snacks

Knoblauch-Chili-Gambas

» 600 g Gambas, küchenfertig, TK
» 200 ml Olivenöl
» 2 EL Tomatenmark
» 2 rote Chilischoten
» 4 Knoblauchzehen
» Salz
» Tabasco

Die Chilischoten putzen, halbieren, die Kerne entfernen und anschließend klein schneiden. Knoblauchzehen schälen und in dünne Scheiben schneiden. Tomatenmark mit einem Schneebesen in das Olivenöl rühren und Chili sowie Knoblauch zugeben.

Die Gambas auftauen lassen, salzen und 1 Stunde in dem Öl marinieren, dann herausnehmen. Die Marinade in einer Pfanne aufkochen, Gambas zugeben und ca. 3 Minuten garen. Nach Geschmack mit Tabasco abschmecken. In Schälchen verteilen und mit Weißbrot servieren.

Knoblauchcremesuppe

- » 1 Zwiebel, gewürfelt
- » 8 Knoblauchzehen, gepresst
- » 40 g Butter
- » 60 g Mehl
- » 900 ml kalte Brühe
- » 100 ml trockener Weißwein
- » 200 g Sahne
- » Salz
- » Cayennepfeffer
- » 2 EL Petersilie, gehackt

Die Butter in einem Topf zerlassen und die Zwiebelwürfel darin glasig dünsten.

Mehl zugeben und glatt rühren. Mit der Brühe und dem Wein ablöschen, den Knoblauch zugeben und gut verrühren. So lange köcheln lassen, bis sich die Menge auf zwei Drittel reduziert hat. Sahne unterrühren und einmal kurz aufkochen. Mit Salz und Cayennepfeffer abschmecken. Die Suppe mit dem Mixer pürieren und mit Petersilie bestreut servieren.

Tipp: Frittierte Petersilienzweige schmecken sehr gut dazu und machen optisch was her.

Mangoldsuppe

- » 500 g Mangoldblätter
- » 2 EL Butter
- » 1 Zwiebel, gewürfelt
- » 200 ml Gemüsebrühe
- » 400 ml Sahne
- » 4 Knoblauchzehen, gepresst
- » Salz, Pfeffer

Die Mangoldblätter waschen und sehr klein schneiden. Die Butter in einem Topf erhitzen und die Zwiebelwürfel darin glasig dünsten. Den Mangold zugeben und kurz mitdünsten. Gemüsebrühe, Sahne und Knoblauch zugeben und das Ganze 20 Minuten köcheln lassen. Mit Salz und Pfeffer abschmecken.

Variante: 4 grobe Bratwürste aufschneiden, das Brät zu kleinen Kügelchen formen und in der Pfanne rundherum knusprig braten. Die Bratwurstkugeln in die Suppe geben — so wird es ein prima Eintopf.

Weinbergschnecken auf Blattspinat

» 500 g Blattspinat
» 100 g Crème fraîche
» 4 große Champignonköpfe
» 12 Weinbergschnecken aus der Dose
» 4 EL Knoblauchbutter
» Muskat
» Salz, Pfeffer

Die Champignons putzen und den Stiel entfernen. Crème fraîche in einem Topf erhitzen und die Champignonköpfe 5 Minuten darin dünsten. Herausnehmen und beiseitestellen. Den Blattspinat in den Topf geben und 10 Minuten garen. Mit Salz, Pfeffer und Muskat abschmecken.

Den Spinat auf feuerfeste Schälchen verteilen, die Champignonköpfe mit Schnecken füllen und daraufsetzen. Je 1 EL Knoblauchbutter daraufgeben und im vorgeheizten Backofen 10 Minuten bei 220° C überbacken.

Tipp: Ohne Schnecken ein leckeres vegetarisches Gericht.

Gratinierte Jakobsmuscheln

- » 16 Jakobsmuscheln
- » 2 EL Öl
- » 2 EL Butter
- » 50 g Lauchringe
- » 50 g Sellerie, gewürfelt
- » 50 g Zwiebeln, gewürfelt
- » 50 g Möhren, gewürfelt
- » 50 g Tomatenfleisch
- » 2 Knoblauchzehen, gepresst
- » 100 ml Sauce hollandaise
- » 1 EL Tomatenmark
- » Salz, Pfeffer
- » 1 EL Semmelbrösel
- » 1 TL Rosmarin, fein gehackt

Die Butter in einem Topf erhitzen und das Gemüse mit dem Knoblauch darin 20 Minuten dünsten. Anschließend fein pürieren und/oder durch ein Sieb streichen. Etwas abkühlen lassen und mit der Sauce hollandaise und dem Tomatenmark verrühren. Ggf. mit Salz und Pfeffer abschmecken.

Das Öl in einer kleinen Pfanne erhitzen und die Muscheln darin kurz, aber scharf von beiden Seiten anbraten. Auf feuerfeste Schälchen oder Muschelschalen verteilen, die Soße darübergeben, mit Semmelbröseln und Rosmarin bestreuen und im vorgeheizten Backofen bei 180° C für 15 Minuten gratinieren.

Knoblauch-Spaghetti

» 400 g Spaghetti
» 40 ml Olivenöl
» 8 Knoblauchzehen
» Salz, Pfeffer

Die Nudeln nach Packungsanweisung kochen und abschütten. Knoblauch schälen und pressen. Das Olivenöl in einer Pfanne erhitzen und den Knoblauch zugeben. Sobald er eine hellbraune Farbe annimmt, die Pfanne von der Herdplatte nehmen und das Öl über die Spaghetti gießen. Gut verrühren und mit Salz und Pfeffer abschmecken.

Tipp: Dies ist ein Grundrezept, das sich mit Kräutern, Käse oder Tomatenstückchen etc. verfeinern lässt.

Variation: Durch Zugabe von gebratenen Hähnchenbruststreifen, Muscheln oder Thunfisch wird daraus ein Hauptgericht.

Bohnensalat mit Knoblauchdressing

» 1 Dose dicke
  weiße Bohnen
» 3 Knoblauchzehen,
  gepresst
» 1 Tomate
» 1 Zwiebel
» 1 grüne
  Paprikaschote
» 3 EL Öl
» 2 EL Essig
» 100 ml Gemüsebrühe

Öl, Essig und Gemüsebrühe zu einem Dressing verrühren. Zwiebel schälen, Paprikaschote putzen und beides sowie die Tomate fein würfeln. Alles zusammen mit dem gepressten Knoblauch in die Vinaigrette rühren. Die Bohnen in ein Sieb schütten und abtropfen lassen, dann in Gläser verteilen und die Salatsoße darüberträufeln.

Variante: Geben Sie gewürfelte Bratenreste zu den Bohnen und „verschärfen" Sie das Dressing mit etwas Tabasco. Zusammen mit einer Portion krosser Bratkartoffeln ... ein Gedicht.

Ofenspargel mit Black-Garlic-Vinaigrette

» 20 Stangen Spargel
» 40 g Butter
» Salz, Pfeffer
» 4 EL Balsamico
» 4 EL Olivenöl
» 4 EL Wasser
» Salz, Pfeffer
» 2 Eier,
   hart gekocht
» 2 Zehen
   Black Garlic*

*fermentierter
Knoblauch

Den Spargel schälen, die harten Enden abschneiden. 4 Stücke Alufolie auf der Arbeitsfläche ausbreiten. Je 5 Stangen Spargel darauflegen, 10 g Butter dazugeben und mit etwas Salz und Pfeffer bestreuen. Die Alufolie locker als Päckchen verschließen, sodass keine Flüssigkeit auslaufen kann. Auf dem Rost des Backofens ca. 45 Minuten bei 180° C garen.

Balsamico und Olivenöl gut verrühren. Die Eier pellen, halbieren. Eigelb und Wasser in eine Tasse geben und glatt rühren. Zu dem Dressing geben. Mit Salz und Pfeffer abschmecken. Das Eiweiß klein schneiden. Die Knoblauchzehen in hauchdünne Scheiben schneiden.

Den Spargel auf vorgewärmten Tellern anrichten. Den Sud aus den Päckchen in das Dressing rühren. Den Spargel damit beträufeln und mit Eiweiß und Knoblauch bestreuen.

Hinweis: Diese Art der Zubereitung im Ofen eignet sich auch für andere Spargelgerichte. Er behält dabei viel mehr Eigengeschmack als in Wasser gegart.

Mariniertes Schweinefilet auf glacierten Apfelringen

» 1 Schweinefilet
» Öl
» 5 Knoblauchzehen
» 5 EL Sojasoße
» 2 EL
  milder Apfelessig
» 2 EL Sherry
» 1 Zweig Majoran
» 1 Zweig Thymian
» 1 Zweig Rosmarin
» Salz
» Pfeffer aus der Mühle
» 1 großer Apfel
» etwas Zitronensaft
» 3 EL Honig

Das Schweinefilet vom Fett befreien und in 1 cm dicke Scheiben schneiden. Das Öl in einer Pfanne erhitzen und das Fleisch darin von beiden Seiten kurz anbraten. Aus der Pfanne nehmen und in einen festen Plastikbeutel geben. Die Knoblauchzehen schälen und in Scheiben schneiden. Kräuter fein hacken. Mit Sojasoße, Essig und Sherry verrühren. Salzen und pfeffern. Die Marinade zum Fleisch in den Beutel geben und leicht durchkneten. Den Beutel verschließen und das Fleisch über Nacht im Kühlschrank marinieren lassen.

Den Apfel waschen und das Kerngehäuse ausstechen. In Scheiben schneiden und mit Zitronensaft beträufeln. Den Honig in einer kleinen Pfanne erhitzen und die Apfelscheiben mehrfach darin wenden.

Auf Teller verteilen und die Filetscheiben darauf anrichten.

Tipp: Das Schweinefilet passt auch zu Feldsalat oder Rucola.

Nudelsalat mit Knoblauch

» 500 g Nudeln
» 1 kl. Dose Erbsen
» 2 Tomaten
» 2 gelbe
  Paprikaschoten
» 2 Knoblauchzehen
» 100 g Remoulade
» 3 EL Öl
» 2 EL Essig
» Salz, Pfeffer

Die Nudeln nach Packungsanweisung garen und abgießen.

Essig und Öl unter die Remoulade rühren. Mit Salz und Pfeffer abschmecken.

Die Erbsen in ein Sieb gießen und abtropfen lassen. Tomaten fein würfeln. Paprikaschote halbieren, Kerne entfernen und ebenfalls fein würfeln. Knoblauchzehen schälen und klein schneiden.

Alle Zutaten in eine Schüssel geben und gut verrühren. Nach Geschmack nochmals würzen.

Tipp: Passt im Sommer zur Grillwurst und im Winter zu gebratenem Fleischkäse.

Gefüllter Knoblauch

» 12 Knollen Chine-
  sischer Knoblauch
  (Soloknoblauch)
» etwas Tomatenmark
» 4 EL Frischkäse
» 6 Scheiben Bacon

Die Knoblauchknollen schälen und mit einem kleinen Kugel-
ausstecher aushöhlen. Tomatenmark und Frischkäse darin
verteilen. Die Baconscheiben längs durchschneiden und um
die untere Hälfte der Knollen wickeln. Auf ein mit Backpapier ausgelegtes Blech setzen und bei 200° C für 15 Minuten backen.

Hinweis: Diese Häppchen sind sehr geschmacksintensiv und
bestens geeignet als Partyfood oder zu zünftigen Abenden.

Knoblauchschokolade

» 200 g dunkle
  Blockschokolade
» 50 g Kokosfett
  (Palmin)
» 50 g Knoblauch,
  gepresst

Die Blockschokolade in Stücke teilen, in eine Schüssel geben und im Wasserbad schmelzen. Das Kokosfett in der Schokolade zergehen lassen, den Knoblauch ebenfalls in die Mischung geben und alles gut durchrühren. Die Masse in flache Formen füllen und erkalten lassen.

Tipp: Genießen Sie die Schokolade mit einem edlen Whisky und einem guten Zigarillo.

Knoblauchpflaumen auf Rosinenpüree

» 200 g Trocken-
  pflaumen
» 3 Knoblauchzehen
» 200 g Rosinen
» 100 ml Obstler
» 1 Zweig Minze

Die Knoblauchzehen schälen und mit den Trockenpflaumen in 500 ml Wasser einmal aufkochen. Die Rosinen in dem Obstler einweichen. Beides über Nacht ziehen lassen.

Die Pflaumen aus dem Sud nehmen und abtropfen lassen. Die Rosinen mit dem Obstler pürieren und auf Dessertteller verteilen. Die Pflaumen daraufsetzen und mit Minzeblättchen garnieren.

Dips und Aufstriche

Avocadocreme

» 1 Avocado
» 1 Schalotte
» 1 Fleischtomate
» 4 Knoblauchzehen
» etwas Zitronensaft
» Salz, Pfeffer

Die Avocado halbieren, den Kern entfernen und das Fruchtfleisch ausschaben. Dieses mit dem Zitronensaft beträufeln und mit einer Gabel zerdrücken. Die Schalotte schälen und in ganz feine Würfel schneiden. Die Tomate ebenfalls würfeln. Den Knoblauch schälen und pressen, zusammen mit den Schalotten- und Tomatenwürfeln unter das Avocadopüree rühren. Mit Salz und Pfeffer abschmecken.

Tipp: Lecker als Brotaufstrich oder auf einer Antipasti-Platte.

Knoblauchdip

- » 500 g Schmand
- » 1 Bund Schnittlauch
- » 8 Knoblauchzehen
- » 2 kleine Zwiebeln
- » Salz, Pfeffer

Den Schnittlauch in feine Röllchen schneiden. Die Knoblauchzehen und die Zwiebeln schälen und pressen.

Alles mit dem Schmand verrühren und mit Salz und Pfeffer abschmecken.

Tipp: Passt zu Grillfleisch und Wurst, zu Lammgerichten oder einfach auf frischem Brot.

Aioli

- » 3 frische Eigelb
- » 3 Knoblauchzehen, gepresst
- » 1 EL Senf
- » 1 TL Zucker
- » 2 EL Essig
- » 250 ml Rapsöl
- » Salz, weißer Pfeffer

Eigelbe, Knoblauch, Senf, Zucker und Essig in eine Rührschüssel geben und kräftig aufschlagen. Das Öl ganz langsam unter ständigem Rühren zugeben. Mit Salz und weißem Pfeffer abschmecken.

Hinweis: Das ist die klassische Creme zu frittiertem Fisch und zu Calamares. Ebenso gut als Dip zu gekochten oder frittierten Gemüsestäbchen geeignet.

Knoblauch-Käse-Aufstrich

» 400 g Feta
» 6 Knoblauchzehen, gepresst
» 1 Stängel Staudensellerie
» Meersalz
» Pfeffer, geschrotet

Den Sellerie waschen, putzen und klein schneiden. Knoblauch schälen und beides zusammen in einer Rührschüssel pürieren. Den Feta zerbröckeln, zugeben und mit den Knethaken des Rührgerätes zu einer Paste verarbeiten. Mit Salz und Pfeffer abschmecken.

Info: Dieses Rezept ist aus dem römischen Fundus des Marcus Gavius Apicius, einem bis heute berühmten Koch, der im 1. Jahrhundert nach Christus lebte. Im Originalrezept wird zusätzlich Koriander und Weinraute mit verarbeitet.

Knoblauchketchup

- » 1 kg Tomaten
- » 2 Zwiebeln
- » 10 Knoblauchzehen
- » 25 g brauner Zucker
- » 1 TL Senfpulver
- » 5 EL Weinessig
- » 2 TL Salz

Tomaten waschen. Zwiebeln und Knoblauch schälen und klein schneiden. Alles zusammen in einem Topf aufkochen, 1 Stunde sanft köcheln lassen, dann pürieren und/oder durch ein Sieb streichen. Zurück in den Topf geben und einkochen, bis die richtige Konsistenz erreicht ist. Mit den Gewürzen abschmecken, sofort heiß in Gläser füllen und verschließen.

Hinweis: Beim Abkühlen entsteht in den Gläsern ein Vakuum, das den Ketchup monatelang haltbar macht.

Knoblauchsenf

» **70 g Senfpulver**
» **10 cl Weinessig**
» **1 TL Salz**
» **1 TL Zucker**
» **2 TL Knoblauch-
  granulat**

Alle Zutaten gut verrühren und über Nacht offen stehen lassen. Ist der Senf zu flüssig, etwas Senfpulver unterrühren, ist er zu fest, etwas Essig zugeben. In ein Glas mit Schraubdeckel füllen und gekühlt aufbewahren. So hält er sich monatelang.

Hinweis: Der Senf entfaltet erst nach einer Woche sein ganzes Aroma, also nicht erschrecken, wenn er direkt nach der Zubereitung noch recht sauer ist.

Tipp: Mit getrockneten Kräutern der Provence verfeinern.

Knoblauchbutter

» 500 g weiche Butter
» 8 Knoblauchzehen
» 1 TL Salz
» 2 g Zitronensäure

Die Knoblauchzehen schälen, pressen und mit der Zitronensäure beträufeln. Zusammen mit der Butter in eine Schüssel geben, salzen und alles gut verrühren.

Vorratstipp: Die Butter mit einer Spritztüte portionsweise auf ein Backblech spritzen und einfrieren. Wenn sie gefroren ist, in eine Box oder einen Gefrierbeutel umfüllen.

Hauptgerichte

Gekochte Lammkeule

» 1 kleine Lammkeule
  ohne Knochen
» 4 Zweige Rosmarin
» 2 Zweige Thymian
» 6 Knoblauchzehen
» 1 Bund
  Suppengemüse
» Salz, Pfeffer

Die Keule von allem Fett befreien und so aufschneiden, dass man sie rollen kann. Knoblauchzehen schälen und in Scheiben schneiden. Das Fleisch pfeffern, Kräuter und Knoblauch darauf verteilen. Fest aufrollen und mit Küchengarn zusammenbinden.

Das Suppengemüse putzen, klein schneiden und mit reichlich Wasser in einen Topf geben, aufkochen. Die Brühe stark salzen. Das Fleisch zugeben und bei niedriger Temperatur 4 Stunden gar ziehen lassen.

Das Fleisch aus der Brühe nehmen und 5 Minuten in Alufolie ruhen lassen. Dann aufschneiden und servieren.

Tipp: Dazu gehören Salzkartoffeln und der Knoblauchdip von Seite 41.

Steaks in Knoblauchmarinade

» 4 Steaks
  vom Schwein
» 4 Zwiebeln
» 4 Knoblauchzehen
» 2 TL Paprika
» 100 ml Olivenöl
» Salz, Pfeffer

Die Steaks mit Salz, Pfeffer und Paprika würzen.

Zwiebeln schälen und in dünne Ringe schneiden. Knoblauch-zehen schälen und in feine Scheiben schneiden. In eine nicht zu große, verschließbare Schüssel etwas Olivenöl geben. Einige Zwiebelringe und Knoblauchscheiben dazugeben und 1 Steak darauflegen. Dann wieder etwas Öl, Zwiebelringe und Knoblauchscheiben, das nächste Steak usw. dazugeben. Dabei darauf achten, dass möglichst wenig Luft zwischen den Steaks ist. Die letzte Schicht muss aus Zwiebeln, Knoblauch und Öl bestehen. Ein Stück Frischhaltefolie darauflegen und fest andrücken. Mindestens 24 Stunden gekühlt marinieren lassen.

Tipp: In einer verschlossenen Box, gut gekühlt, kann man die Steaks so auch einige Tage aufbewahren.

Knoblauch-Kartoffelgratin

» 1 kg Kartoffeln
» 5 Knoblauchzehen
» 250 ml Sahne
» 250 g Schmand
» 100 g geriebener
  Käse
» Salz, Pfeffer
» Muskat
» Fett für die Form

Eine flache Auflaufform einfetten. Die Kartoffeln schälen und in dünne Scheiben schneiden. Den Knoblauch schälen und pressen.

Sahne, Schmand, Käse, Knoblauch und Gewürze gut verrühren. Die Hälfte der Kartoffeln in die Form schichten und mit der Mischung übergießen. Die restlichen Kartoffeln fest darüberschichten und die übrige Sahnemischung darauf verteilen. Bei 180°C im Backofen 90 Minuten garen. Sollte das Gratin zu dunkel werden, mit Alufolie abdecken.

Nach 60 Minuten mit geriebenem Käse bestreuen.

Schlemmer-Toast

» 1 Schweinefilet
» etwas Öl
» 8 Scheiben Toastbrot
» 4 große Zwiebeln, in Ringe geschnitten
» 1 Dose Champignons
» 150 g Butter
» 4 Knoblauchzehen, zerdrückt
» ½ Bund Petersilie, fein gehackt
» 200 g geriebener Käse
» Salz, Pfeffer

Das Schweinefilet vom Fett befreien und in ca. 5 cm dicke Scheiben schneiden. Die Scheiben mit der Hand flach drücken, salzen und pfeffern. In einer Pfanne mit heißem Öl von jeder Seite 1 bis 2 Minuten braten.

Die Butter in einem Topf zerlassen und die Zwiebelringe darin glasig dünsten. Champignons gut abtropfen lassen und zugeben. Knoblauch unterrühren und mit Salz und Pfeffer abschmecken. Das Brot toasten und auf 4 Teller legen. Die Filetscheiben daraufsetzen und das Gemüse darüber verteilen. Mit geriebenem Käse bestreuen und im Backofen bei 200° C ca. 5 Minuten überbacken (bis der Käse zerlaufen ist).

Tipp: Ohne das Schweinefilet ist dies eine hervorragende vegetarische Mahlzeit.

Gratinierter Wildlachs

» 800 g Wildlachsfilet
» 250 ml Sahne
» 250 g Schmand
» 1 EL Tomatenmark
» 4 Knoblauchzehen
» Salz, Pfeffer

Den Lachs waschen, trocken tupfen, mit Pfeffer und Salz würzen und in eine Auflaufform legen. Die Knoblauchzehen schälen und pressen. Sahne, Schmand, Tomatenmark und Knoblauch gut verrühren und mit Salz und Pfeffer abschmecken. Die Mischung über den Lachs gießen und bei 180° C im vorgeheizten Backofen ca. 30 Minuten garen.

Tipp: Dazu schmecken Butterkartoffeln mit Zitronenpfeffer.

Miesmuscheln

- » 3 kg frische Muscheln
- » 1 Bund Suppengemüse
- » 4 Knoblauchzehen, in Scheiben geschnitten
- » 2 Zwiebeln, in Ringe geschnitten
- » 2 l Wasser
- » 500 ml trockener Weißwein
- » 1 TL Pimentpulver
- » Salz, Pfeffer

Die Muscheln unter klarem Wasser gut waschen und in einem Sieb abtropfen lassen. Muscheln, die nicht fest verschlossen sind, entfernen. Das Suppengemüse putzen und sehr klein schneiden. Wasser mit Wein, Gemüse und Knoblauch zum Kochen bringen. 15 Minuten kochen lassen und mit den Gewürzen abschmecken. Die Muscheln in den Topf mit der kochenden Brühe schütten, sofort Deckel auflegen und schütteln. Ca. 15 Minuten bei geschlossenem Deckel garen.

Hinweis: Der Topf muss eine ausreichende Größe haben. Alternativ 2 Kochtöpfe verwenden.

Schollenfilets mit Ofengemüse

» 4 Schollenfilets
» 2 gelbe
  Paprikaschoten
» 1 Zucchini
» 2 Tomaten
» 2 Zwiebeln
» Olivenöl
» 3 Knoblauchzehen,
  gepresst
» Salz, Pfeffer
» Majoran
» Estragon
» Thymian

Die Fischfilets waschen und trocken tupfen. Das Gemüse putzen, die Zwiebeln schälen und alles in mundgerechte Stücke schneiden. In eine Schüssel geben und mit reichlich Olivenöl übergießen. Knoblauch und Gewürze unterrühren.

Eine Schicht Gemüse in eine Auflaufform geben, die Fischfilets darauflegen und mit dem restlichen Gemüse bedecken. Im vorgeheizten Backofen bei 180° C ca. 40 Minuten garen.

Schweinebraten mit Knoblauch-Honigglasur

- » 1 kg Schweinebraten
- » Öl
- » 8 Knoblauchzehen
- » 2 Zwiebeln
- » 3 EL Sojasoße
- » 3 EL Apfelessig
- » 100 g Honig
- » Salz, Pfeffer
- » Paprika

Den Schweinebraten mit Salz, Pfeffer und Paprika einreiben. In einem Bräter von allen Seiten kräftig anbraten. Mit einer Tasse Wasser ablöschen.

Die Knoblauchzehen und die Zwiebeln schälen und klein schneiden. Zusammen mit der Sojasoße und dem Essig pürieren. Den Honig unterrühren. Den Braten mit einem Drittel der Glasur bepinseln und mit geschlossenem Deckel 30 Minuten im Backofen bei 180° C garen. Den Braten wenden und die Oberseite wieder einpinseln. Nach weiteren 30 Minuten die restliche Glasur auf dem Braten verteilen und für 15 Minuten ohne Deckel fertig garen. Den Braten 10 Minuten ruhen lassen, dann aufschneiden und mit dem Bratenfond servieren.

Tipp: Dazu passen Rosmarinkartoffeln.

Knoblauch-Zitronenhähnchen

» 2 Hähnchen,
  küchenfertig
» ½ Tasse Olivenöl
» 1 Zwiebel
» 8 Knoblauchzehen
» 3 Zitronen
» Salz, Pfeffer

Die Hähnchen waschen und trocken tupfen.

Zwiebel und Knoblauchzehen schälen und klein schneiden. Zitronen auspressen, den Saft zu den Zwiebel- und Knoblauchstücken geben und pürieren. Olivenöl unterrühren und kräftig mit Salz und Pfeffer würzen. Die Hähnchen rundherum mit der Marinade einpinseln und in eine feuerfeste Form setzen. Bei 175° C im Backofen für 1 Stunde garen.

Tipp: Salzkartoffeln im Bratfond schwenken und dazu servieren.

Hackbällchen mit Tomatengemüse

» 800 g Hackfleisch
» 2 Eier
» 2 EL Semmelbrösel
» Öl
» 2 Zwiebeln
» 8 Knoblauchzehen
» 2 EL Butter
» Salz, Pfeffer
» Muskat
» 2 Dosen Tomaten,
  stückig

Das Hackfleisch in eine Schüssel geben, mit Eiern und Semmelbrösel verkneten und mit Salz, Pfeffer und Muskat würzen. Kleine Kugeln formen und in einer Pfanne mit heißem Öl ca. 10 Minuten rundherum knusprig braten.

Zwiebeln und Knoblauch schälen und in feine Würfel schneiden. Die Butter in einem Topf erhitzen und die Würfel darin andünsten. Tomaten zugeben und 5 Minuten kochen lassen. Mit Salz und Pfeffer abschmecken.

Die Hackbällchen in eine Schüssel geben und die Tomaten darüber verteilen.

Tipp: Dieses Gericht ist gut vorzubereiten, auch wenn viele Gäste kommen. Dazu die Hackbällchen mit dem Gemüse in eine Auflaufform geben und mit Käse überbacken.

Heringe in Curry-Knoblauchcreme

» 8 Heringsfilets
» 1 kl. Zwiebel
» 4 Knoblauchzehen
» 200 g Schmand
» 100 ml Sahne
» 1 EL Curry
» 2 Frühlingszwiebeln
» Salz, weißer Pfeffer

Die Filets waschen und trocken tupfen. Schmand und Sahne gut verrühren. Zwiebel und Knoblauch schälen, pressen und dazugeben. Curry unterrühren und mit Salz und Pfeffer abschmecken. Die Frühlingszwiebeln waschen und in feine Ringe schneiden. Die Filets in eine Schüssel legen, die Frühlingszwiebelringe darüberstreuen und die Creme darüber verteilen. Mindestens 24 Stunden gekühlt ziehen lassen.

Tipp: Dazu passen kleine Pellkartoffeln.

Rindergulasch

- » 800 g Rindergulasch
- » Öl
- » 4 Zwiebeln
- » 6 Knoblauchzehen
- » 50 g Möhrenwürfel
- » 50 g Selleriewürfel
- » 50 g Lauchringe
- » 200 g Rauchfleisch, gewürfelt
- » 1 l Fleischbrühe
- » 3 EL Schmand
- » 3 EL frische Petersilie, gehackt
- » Salz, Pfeffer

Zwiebeln und Knoblauch schälen und klein schneiden.

Das Öl in einem Bräter erhitzen und das Fleisch darin rundherum kräftig anbraten. Gemüse- und Rauchfleischwürfel zugeben und kurz mitbraten. Mit der Fleischbrühe ablöschen und bei mittlerer Hitze 1 Stunde garen. Ab und zu umrühren. Schmand unterrühren und mit Salz und Pfeffer abschmecken. Mit der Petersilie garnieren.

Tipp: Dazu passen Spätzle.

Kaninchen

» 1 Kaninchen, küchenfertig
» Öl
» 2 Zwiebeln
» 6 Knoblauchzehen
» 10 Scheiben Rauchfleisch
» 500 ml trockener Weißwein
» 500 ml Brühe
» 2 EL Speisestärke
» Salz, Pfeffer
» Muskat

Die Kaninchenteile waschen und trocken tupfen. Öl in einem Bräter erhitzen und das Fleisch darin kräftig anbraten. Zwiebeln und Knoblauchzehen schälen und klein schneiden, kurz mitrösten. Mit dem Weißwein ablöschen und die Fleischstücke mit dem Rauchfleisch abdecken. Im Backofen bei 180° C mit geschlossenem Deckel ca. 2 Stunden garen. Die Kaninchenteile herausnehmen, mit Alufolie abdecken und warm stellen. Den Bratfond mit der Brühe loskochen. Die Speisestärke in etwas kaltem Wasser glatt rühren und die Soße damit binden. Mit Salz, Pfeffer und Muskat abschmecken.

Tipp: Dazu passen Salzkartoffeln und Rosenkohl.

Brot
und Gebäck

Knoblauchschnecken

» 1 Pck. Blätterteig
aus der Kühltheke
» 100 g frisch gerie-
bener Parmesan
» 4 Zehen Knoblauch,
fein gepresst
» 50 g Salami,
in feine Würfel
geschnitten
» 1 Eigelb, verquirlt

Den Blätterteig ausbreiten, mit Käse, Knoblauch und Salami bestreuen und der Länge nach aufrollen. 1 Stunde im Kühlschrank ruhen lassen.

Den Backofen auf 200° C vorheizen.

Ein Backblech mit Backpapier belegen.

Die Teigrolle in 1 cm dicke Scheiben schneiden, auf das Blech legen, mit Eigelb bestreichen und ca. 10 bis 15 Minuten bei 200° C backen, bis die Schnecken goldbraun sind.

Knoblauchkuchen im Glas

» 300 g Mehl
» 100 g Butter
» ½ TL Salz
» 1 Pck. Backpulver
» 300 ml Milch
» 6 Eier
» 500 g Schinkenwürfel
» 4 Frühlingszwiebeln
» 8 Knoblauchzehen
» 6 EL Öl

Die Schinkenwürfel in dem Öl knusprig braten. Frühlings-zwiebeln putzen und in Ringe schneiden. Knoblauchzehen schälen und in dünne Scheiben schneiden. Beides kurz mit anrösten. Abkühlen lassen.

Aus Butter, Mehl, Salz, Milch und Eiern einen glatten Teig rühren. Das Schinken-Zwiebel-Gemisch unterheben. Zum Schluss das Backpulver kurz unterrühren.

6 Schraubverschlussgläser einfetten und jeweils zur Hälfte mit dem Teig befüllen. Bei 180°C im Backofen 45 Minuten backen. Danach sofort verschließen.

Tipp: Diese Kuchen sind mehrere Wochen haltbar und eig-nen sich hervorragend als Snack oder kleines Geschenk aus der eigenen Küche.

Knoblauchbrot

- » 1 kg Mehl (Type 1050)
- » 20 g frische Hefe
- » 3 EL lauwarmes Wasser
- » 1 Prise Zucker
- » 25 g Salz
- » 6-8 Zehen Knoblauch, gepresst
- » 600 ml lauwarmes Wasser

Die Hefe mit dem Zucker in 3 EL Wasser auflösen. Das Mehl in eine große Schüssel geben, eine Mulde hineindrücken und dort die Hefemischung hineingeben. Mit etwas Mehl von den Rändern der Mulde verkneten, dann 4 Stunden ruhen lassen.

Danach Salz, Knoblauch und das Wasser dazugeben und alles ordentlich verkneten. Den Teig 60 Minuten gehen lassen, nach 30 Minuten erneut kräftig durchkneten.

Den Backofen auf 250°C vorheizen.

Ein Backblech mit Backpapier belegen.

Nach der Gesamtzeit den Teig wieder kneten, zu einem Laib formen und auf das Blech legen. 30 Minuten bei 250°C backen, dann die Hitze auf 180°C reduzieren und das Brot weitere 30 Minuten backen. 10 Minuten vor dem Herausnehmen das Brot mit Wasser bestreichen.

Tipp: Klopfprobe machen – das Brot muss hohl klingen, wenn man von unten dagegenklopft.

Fladenbrot

- » 500 g Mehl
- » 5 EL Olivenöl
- » 1 EL Salz
- » 300 ml Wasser, lauwarm
- » 5 Knoblauchzehen, gehackt
- » 1-2 EL Meersalz

Aus Mehl, Salz, Olivenöl und Wasser einen glatten Teig kneten. Abgedeckt an einem warmen Ort 1 Stunde gehen lassen. Den Teig auf einer bemehlten Arbeitsfläche zu einer Rolle formen und in 10 Teile schneiden. Diese möglichst dünn ausrollen. Mit etwas Wasser bestreichen. Den gehackten Knoblauch mit etwas Olivenöl beträufeln und zusammen mit dem Meersalz darauf verteilen. Bei 200° C im Backofen ca. 15 Minuten goldgelb backen.

Knoblauchbrötchen

- » 500 g Mehl
- » 20 g frische Hefe
- » 2 EL lauwarmes Wasser
- » 2 TL Salz
- » 1 Prise Zucker
- » 6 Zehen Knoblauch
- » 350 ml Milch
- » 1 EL italienische Kräuter
- » 2 EL Olivenöl
- » 1 Ei
- » Milch zum Bestreichen

Mehl und Salz in einer Schüssel mischen, eine Mulde hineindrücken, Hefe, Zucker und Wasser in dieser Mulde anrühren und mit etwas Mehl vom Rand vermengen. 60 Minuten abgedeckt ruhen lassen.

Die Milch mit dem Knoblauch kurz aufkochen, abkühlen lassen und mit dem Stabmixer pürieren.

Jetzt aus allen Zutaten einen Knetteig herstellen, erneut 60 Minuten gehen lassen. Den Backofen auf 220°C vorheizen. Backpapier auf ein Backblech legen.

Den Teig in 12 Stücke teilen, etwas formen, auf das Blech legen und mit Milch bestreichen. Für 15 bis 20 Minuten bei 220°C backen.

Knoblauchmuffins

» 300 g Mehl
» 2 TL Backpulver
» 1 Prise Zucker
» 1 ½ TL Salz
» 5 Knoblauchzehen, gepresst
» 2 Eier
» 4 EL Olivenöl
» 175 ml Wasser
» 15-20 schwarze Oliven (je nach Größe), in kleine Stücke geschnitten

Den Backofen auf 175° C vorheizen.

Ein Muffinblech einfetten.

Mehl, Backpulver, Zucker und Salz vermischen. In einer zweiten Schüssel die restlichen Zutaten vermengen. Jetzt die Mehlmischung nach und nach unterrühren. Die Masse in die Muffinform geben und ca. 20 Minuten bei 175° C backen.

Stinkefüße

- » 500 g Mehl
- » 1 Pck. Backpulver
- » 250 g Butter
- » 2 Eier
- » 200 ml Milch
- » 1 TL Salz
- » 100 g geriebener Käse oder Hartkäse
- » 5 Knoblauchzehen, gepresst

Das Mehl mit dem Backpulver mischen. Butter, Eier und Milch unterrühren und alles zu einem glatten Teig verkneten. Käse und Knoblauch unterkneten. Den Teig auf einer bemehlten Arbeitsfläche ausrollen und Formen ausstechen.

Auf ein mit Backpapier ausgelegtes Blech setzen und bei 200° C ca. 5 Minuten backen.

Auf Vorrat

Eingelegter Knoblauch

- » 500 g Knoblauchzehen
- » 3 g Einmachhilfe
- » 2 EL Kräuter der Provence, getrocknet
- » 300 ml Weißweinessig
- » 500 ml Wasser
- » 1 EL Zucker
- » 1 TL Salz

Die Knoblauchzehen schälen.

Wasser und Essig mit den Kräutern und Gewürzen zum Kochen bringen. Die Knoblauchzehen zugeben und 5 Minuten kochen. Das Knoblauch-Gemisch sofort in Gläser füllen, die Einmachhilfe darüberstreuen, mit Flüssigkeit auffüllen, bis der Knoblauch vollständig bedeckt ist, und verschließen.

Für eine feurige Variante: 5 getrocknete Chilischoten klein hacken und mitkochen.

Knoblauch-Pesto

- » 1 Bund Basilikum
- » 1 Bund Petersilie
- » 8 Knoblauchzehen
- » 50 g Pinienkerne
- » 50 g getrocknete Tomaten
- » 50 g geriebener Hartkäse
- » 500 ml Olivenöl

Basilikum und Petersilie waschen und trocken schütteln. Knoblauchzehen schälen. Alles mit Pinienkernen, Tomaten und Käse im Mixer pürieren, dabei nach und nach so viel Olivenöl zugeben, bis eine cremige Masse entsteht. In Gläser füllen und das Pesto mit Olivenöl aufgießen.

Hinweis: Dunkel und gekühlt aufbewahrt, hält sich das Pesto bis zu einem Jahr.

Knoblauch-Würzpaste

» **500 g**
   Knoblauchzehen
» **3 EL Olivenöl**
» **1 TL Salz**

Die Knoblauchzehen mit der Schale in eine feuerfeste Form mit Deckel legen und verschließen. Bei 175° C im Backofen mind. 1 Stunde garen. Die Zehen müssen zum Weiterverarbeiten weich sein. Etwas abkühlen lassen, schälen und mit Öl und Salz pürieren. Die Masse durch ein Sieb streichen und in Schraubverschlussgläser füllen.

Tipp: Mit etwas Olivenöl bedeckt, hält sich die Paste über Wochen im Kühlschrank. Sie passt zu allem, was ein Knoblauchfan mag.

Knoblauch-Ingwer-Chutney

- » 500 g Knoblauchzehen
- » 100 g getrocknete Tomaten
- » 150 g frischer Ingwer
- » 200 ml Balsamico Bianco
- » 100 g brauner Zucker
- » 1 TL Salz

Die Knoblauchzehen und den Ingwer schälen und klein schneiden. Die Tomaten ebenfalls klein schneiden.

Alle Zutaten in einen Topf geben, einmal aufkochen und mindestens 1 Stunde bei geringer Hitze einkochen lassen, zwischendurch immer wieder gut umrühren. Falls zu viel Flüssigkeit verkocht ist, mit etwas Wasser auffüllen und weiter einkochen. Sofort heiß in Gläser füllen und verschließen.

Knobi-Rub

- » 500 g Knoblauch
- » 2 Zwiebeln
- » 1 rote Paprikaschote
- » 1 Tomate
- » 5 Zweige Thymian
- » 1 Bund Petersilie
- » 1 EL Zucker
- » 100 g grobes Haushaltssalz

Den Knoblauch schälen und pressen oder ganz fein hacken. Die Zwiebeln schälen und in feine Würfel schneiden. Paprika halbieren, Kerngehäuse entfernen und in feine Würfel schneiden. Von der Tomate den Strunk entfernen und ebenfalls fein würfeln. Thymian und Petersilie ganz fein hacken. Alles vermischen und auf ein mit Backpapier ausgelegtes Backblech verteilen. Im Backofen bei 50 bis 70° C für 2 Stunden trocknen. Dann Salz und Zucker darüberstreuen, etwas vermischen und weitere 8 Stunden trocknen. Sobald das Gewürz richtig trocken ist, portionsweise zu Pulver mahlen.

Hinweis: Das Gewürzpulver eignet sich zum Grillen, für Braten oder als Tischgewürz.

Knoblauch-Öl

» 1 Flasche Olivenöl
» 200 g Knoblauch

Den Knoblauch mit der Schale in Alufolie wickeln und im Backofen bei 180° C ca. 30 Minuten rösten. Abkühlen lassen und schälen. In ein Glasgefäß mit weitem Hals füllen und das Olivenöl darübergießen. Mindestens 3 Wochen kühl und dunkel ziehen lassen.

Hinweis: Für Salatdressings, zur Verfeinerung von Soßen und Suppen geeignet.

Confierter Knoblauch

» 5 Knollen Knoblauch
» ca. 200 ml Rapsöl

Den Knoblauch schälen und die Zehen in einem Topf mit dem Öl übergießen. Auf dem Herd erhitzen (nicht zu heiß werden lassen, ca. 80°C). Nach 30 bis 40 Minuten sind die Zehen weich. In Gläser mit Schraubverschluss verteilen und mit dem Öl übergießen, sodass sie vollständig bedeckt sind.

Info: Der confierte Knoblauch verliert die Schärfe und entwickelt ein sehr angenehmes Aroma. Manche Genießer finden ihn auch bekömmlicher. Verwenden kann man ihn überall dort, wo man auch frischen Knoblauch nehmen würde. Ganz besonders gut eignet er sich für Dips, in Cremes oder als kleine Beilage. Gekühlt aufbewahrt, hält sich der Knoblauch mindestens 6 Monate. Sind alle Zehen aus einem Glas aufgebraucht, bleibt ein wunderbares Knoblauch-Würzöl übrig.

Gerösteter Knoblauch

» **Knoblauchknollen**
» **Olivenöl**
» **Meersalz**

Den Backofen auf 200° C (Ober-/Unterhitze) vorheizen.

Von den Knoblauchknollen die Spitzen abschneiden, sodass man die einzelnen Zehen sehen kann.

Den Boden einer Back- oder Auflaufform mit Olivenöl einfetten. Die Knollen mit der angeschnittenen Seite nach oben in die Form setzen, etwas Meersalz darüberstreuen und alles mit Öl beträufeln. Im Backofen 50 bis 60 Minuten garen.

Danach lassen sich die Zehen ganz einfach aus der Haut drücken.

Hinweis: Gerösteter Knoblauch sollte in keiner Küche fehlen, so vielseitig sind seine Verwendungsmöglichkeiten. Außerdem ist er ein gern gesehenes Gastgeschenk.

Knoblauchsalz

» **Variante 1:**
» **250 g Salz**
» **1 Knolle Knoblauch**

Die Knolle in einzelne Zehen zerteilen und abwechselnd mit Salz in ein Glas schichten, den Abschluss sollte eine Salzschicht bilden. Nach einer Woche hat das Salz das Aroma des Knoblauchs angenommen und ist einsatzbereit. Die Zehen werden entweder im Salz gelassen oder können auch weiterverwendet werden.

» **Variante 2:**
» **200 g Knoblauch-**
  zehen (geschält
  gewogen)
» **75 g Meersalz**

Den Backofen auf 125° C (Umluft) vorheizen. Den Knoblauch fein hacken und auf ein mit Backpapier belegtes Backblech geben. 15 Minuten bei 125° C und anschließend 60 Minuten (eventuell länger) bei 75° C trocknen. Dabei einen Holzlöffel in die Ofentür klemmen. Zwischendurch den Knoblauch immer wieder wenden. Den vollständig getrockneten Knoblauch abkühlen lassen, mit dem Meersalz mischen und in der Küchenmaschine mahlen.

Impressum

2. Auflage 2017

ISBN 978-3-7888-1606-3

Verlag J. Neumann-Neudamm AG
Schwalbenweg 1
34212 Melsungen

Tel. 05661.9262-26
Fax 05661.9262-19

info@neumann-neudamm.de
www.neumann-neudamm.de

Printed in the European Community
Titel: J. Neumann-Neudamm AG
Satz & Layout: J. Neumann-Neudamm AG
Herstellung: W.B. Druckerei GmbH, Hochheim am Main

Bildnachweis:

© Wolfgang Angsten: Seiten 8, 17, 21-37, 40-46, 50-71, 74-83, 87-91

Fotolia: Titel Vorderseite, Vorsatz, Nachsatz: © altocumulus – Fotolia.com; Titel Rückseite: Blüte © vbaleha – Fotolia.com; Holz © picsfive – Fotolia.com; Seiten 2,15 © altocumulus – Fotolia.com; Seiten 1 © Buriy – Fotolia.com; Seiten 4 © olga pink – Fotolia.com; Seiten 5 © kovaleva_ka – Fotolia.com; Seiten 6 © epantha – Fotolia.com; Seiten 10 o. © Igor Sokolov – Fotolia.com; Seiten 10 u. © ducdao – Fotolia.com; Seiten 7 r. © Le Do – Fotolia.com; Seiten 7 l. © TwighlightArtPictures – Fotolia.com; Seiten 9 © Marén Wischnewsky – Fotolia.com; Seiten 11 © msk.nina – Fotolia.com; Seiten 13 © Timmary – Fotolia.com; Seiten 14 © ramoncin1978 – Fotolia.com; Seiten 16 © emesolumar – Fotolia.com; Seiten 18-19 © Symao – Fotolia.com; Seiten 27 © photocrew – Fotolia.com; Seiten 32 © 2002lubava1981 – Fotolia.com; Seiten 38-39 © Africa Studio – Fotolia.com; Seiten 48-49 © Miroslawa Drozdowski – Fotolia.com; Seiten 70 © gmf1000i – Fotolia.com; Seiten 72-73 © Jana Behr – Fotolia.com; Seiten 84-85 © Alexandr Steblovskiy – Fotolia.com; Seiten 92 © Lubos Chlubny – Fotolia.com; Seiten 96 © Natika – Fotolia.com